Título original: *The Science of Weather*
© The Salariya Book Company Ldt, 2018
Publicado por acuerdo con IMC Agencia Literaria
Texto: Ian Graham
Ilustraciones: Caroline Romanet y Bryan Beach
Traducción: Algar Editorial
© Algar Editorial
    Apartado de correos 225 - 46600 Alzira
    www.algareditorial.com
Impresión: Anman

1.ª edición: octubre, 2019
ISBN: 978-84-9142-362-1
DL: V-2044-2019

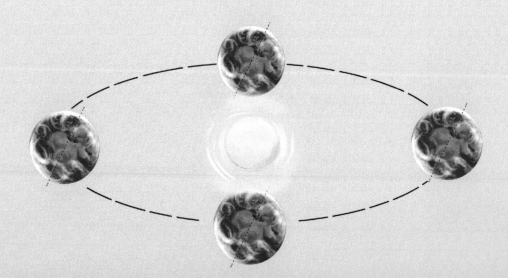

La ciencia del tiempo

La variable verdad sobre el clima de la Tierra

AUTOR
Ian Graham

Ilustradores
**Caroline Romanet
y Bryan Beach**

algar

Índice

Introducción

Sol, viento gélido, tormentas, nieve, niebla, nubes espesas, lluvia, un cielo azul y despejado... Todo esto está pasando en algún lugar de la Tierra en este momento, y son tipos de tiempo. Varía de un día para otro y afecta a nuestra vida diaria de muchos modos: elegimos qué vestir según el tiempo, puede que tengamos que cambiar de planes porque ha habido una inundación o porque las carreteras están cortadas por culpa de la nieve, las cosechas crecen gracias a la lluvia, muchos de los pueblos y las ciudades en los que vivimos están al lado de un río o de un lago que formó la lluvia, las olas del mar provocadas por el viento dieron forma a las costas... Pues bien, la ciencia puede explicar cómo y por qué ocurren todas estas condiciones meteorológicas.

La atmósfera

La capa de aire que rodea la Tierra se llama atmósfera. La mayoría del tiempo tiene lugar en la parte más baja de la atmósfera, es decir, la que está más cerca de la superficie terrestre, y se llama troposfera. A medida que subes, el aire se enfría cada vez más, por eso los picos de las montañas están a menudo cubiertos de nieve y hielo.

La atmósfera de la Tierra tiene un grosor de unos 500 kilómetros y está formada por cuatro capas principales que de arriba abajo son la troposfera, la estratosfera, la mesosfera y la termosfera.

¿Qué es el tiempo?

¿ Alguna vez te has preguntado por qué tenemos tiempos distintos o de dónde vienen? El tiempo aquí en la Tierra lo causa el sol. Sus rayos calientan la superficie terrestre, lo que a su vez calienta el aire de encima. Este aire cálido se eleva y de camino se enfría y vuelve a bajar al suelo. Sin embargo, este calentamiento no es igual en todos los sitios, de hecho, la tierra se calienta antes que el agua, y las nubes impiden que los rayos del sol lleguen a algunos lugares. Este calentamiento y enfriamiento desiguales, junto con las subidas y bajadas, mueven el aire y producen el viento, las nubes, la nieve y las tormentas que conocemos como tiempo.

Me pregunto qué tiempo hará hoy...

Altibajos

La presión atmosférica es la fuerza que la atmósfera ejerce sobre la superficie de la Tierra. Cuando el aire se calienta o se enfría, esta presión cambia. Bajas presiones significan nubes, lluvia y tormentas. Altas presiones significan cielos despejados y tiempo tranquilo. Fíjate en los mapas del tiempo que salen por la tele o en el periódico y verás las áreas de altas y bajas presiones.

¡Buenas noticias, hoy tendremos altas presiones!

Dato fascinante

Cuando el aire sube o baja no lo hace en línea recta, sino que el movimiento de rotación de la Tierra hace que lo haga en espiral. Esta espiral gira en direcciones opuestas a ambos lados del ecuador. Este fenómeno se llama fuerza de Coriolis.

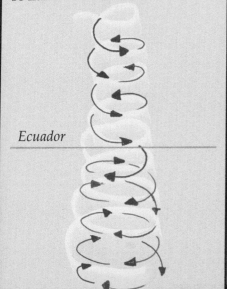

Ecuador

Subidas y bajadas

Los cambios en la presión del aire afectan al tiempo porque hacen que el aire se eleve o se hunda. Con presiones bajas, el aire se eleva más arriba donde hace más frío y la humedad forma las nubes. Con presiones altas el aire se hunde más hacia abajo, donde hace más calor, las nubes se evaporan y por eso el cielo está despejado.

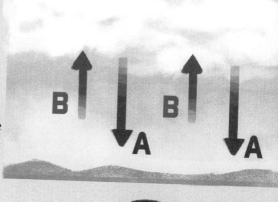

La presión atmosférica sobre la superficie de la Tierra está producida por el peso del aire. Aproximadamente 1 kilogramo de aire presiona sobre cada centímetro cuadrado.

Dentro de una nube

Las minúsculas gotitas de agua que forman las nubes solo miden 0,02 milímetros de ancho, o lo que es lo mismo, son cinco veces más estrechas que una hoja de papel. Puede que sean pequeñas, pero hay tantas que una nube puede contener miles de toneladas de agua.

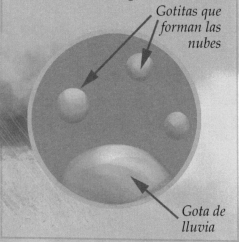

Gotitas que forman las nubes

Gota de lluvia

Con solo 800 horas de luz solar al día, las islas del Príncipe Eduardo, en la Antártida, son el lugar más nubloso de la Tierra. El lugar más soleado, en cambio, es Yuma, en Arizona, EE. UU., con 4.015 horas de sol.

Nubes

Las nubes pueden ser delgadas y difusas, blancas y esponjosas, o grandes, oscuras y espeluznantes, pero todas están hechas de agua que puede estar en forma de gas, de gotas líquidas o de cristales de hielo. Esta agua proviene de la Tierra, donde se calienta con los rayos de sol y se evapora (cambia de estado líquido a gaseoso). Las corrientes de aire que se elevan llevan la humedad hacia el cielo y la enfrían. A medida que se enfría, forma minúsculas gotitas de agua o cristales de hielo que reflejan los rayos del sol en todas direcciones, por eso las nubes suelen ser blancas.

La niebla se forma del mismo modo que las nubes, pero en el suelo en vez de en lo alto del cielo. Si se mezcla con humo se llama esmog.

Tipos de nubes

Hay tres tipos principales de nube: los estratos, los cúmulos y los cirros. Los estratos y los cirros son los más bajos. Los estratos son nubes planas y anchas que a menudo producen lluvia. Los cúmulos son nubes esponjosas que pueden crecer y convertirse en nubes de tormenta. Los más altos, los cirros, son nubes tenues y ligeras hechas de cristales de hielo.

Estrato *Cúmulo* *Cirro*

Gotitas polvorientas

En el aire frío, la humedad necesita entrar en contacto con algo sólido, como partículas de polvo, para convertirse en una nube de diminutas gotitas de agua. Las estelas de los aviones que ves en el cielo se forman del mismo modo. Las partículas de los químicos que se expulsan al quemar el combustible hacen que la humedad de los motores se transforme en gotitas de agua que de inmediato se convierten en cristales de hielo.

¿Te lo puedes creer?

En los lugares más secos se puede hacer que llueva modificando la estructura de las nubes artificialmente al lanzar partículas minúsculas que se dejan caer desde aviones o se disparan desde el suelo. Las gotas de lluvia se forman alrededor de estas partículas. Este procedimiento se llama siembra de nubes.

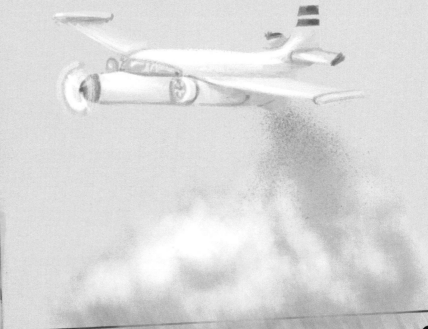

El monzón

Cada verano, vientos húmedos soplan hacia el interior de las tierras cálidas del sudeste de la India. El calor hace que el aire se eleve y se enfríe rápidamente, lo que provoca lluvias muy intensas. En invierno, cambian de dirección y soplan hacia el mar. Estos vientos se llaman monzones.

Lluvia

L a lluvia puede ser molesta si te estropea un día al aire libre, y también puede ser peligrosa cuando produce inundaciones, pero más te vale acostumbrarte a ella, porque es esencial para la vida. Los seres vivos que viven en el mar pueden sobrevivir en el agua salada, pero los animales terrestres necesitan agua dulce, y la lluvia es una fuente importantísima. Sin lluvia no habría casi agua dulce, y puede que la vida no se hubiese desarrollado nunca en tierra. La próxima vez que te sientas mal cuando corres bajo la lluvia fría, ¡recuerda que no estarías aquí de no ser por ella!

El aire de los trópicos es tan cálido que casi la mitad de la lluvia que cae de las nubes se evapora antes de tocar el suelo.

Nunca llueve a gusto de todos...

El ciclo del agua

En la naturaleza, el agua se recicla constantemente. La lluvia es una parte de esta gigantesca rueda llamada el ciclo del agua. El sol calienta el agua, que se evapora y forma las nubes, las nubes sueltan lluvia y nieve, que caen a la superficie de la Tierra, donde el sol las calienta de nuevo y todo el ciclo vuelve a empezar.

Nubes de lluvia

Formación de las nubes

Lluvia

Evaporación

¿Qué es el arcoíris?

En un día de lluvia, ponte de espaldas al sol cuando se asome y puede que veas un arcoíris. Sucede cuando el sol brilla a través de las gotas de lluvia. La luz rebota y se separa en muchos colores, que ves en forma de arco.

El sol no es el único que puede producir arcoíris. La luz de la luna puede producir un arco más tenue llamado arcoíris lunar, aunque no es muy habitual, ya que la luz de la luna es muy débil.

¿Te lo puedes creer?

El agua que has bebido hoy ha estado circulando por la Tierra desde hace millones y millones de años. Puede que hace mucho cayese en forma de lluvia sobre un dinosaurio. Increíble, ¿no crees?

Calor y frío

La temperatura más fría posible se llama cero absoluto y es de –273 °C. Por supuesto, nunca podrá hacer tanto frío en la Tierra.

Se está tan bien un día de sol al aire libre, pero solo se necesitan un par de grados arriba o abajo para que se vuelva insoportable o incluso peligroso. El calor siempre está en movimiento y se mueve de cosas calientes a cosas frías. Circula desde el Sol hasta la Tierra, desde los trópicos hasta los polos, desde tierras calientes hasta aires frescos, y desde aguas cálidas hasta aires fríos. A veces también se escapa hacia el espacio y se sustituye por más calor del Sol.

Polos helados

El clima es cálido en los trópicos y frío en los polos. Esta diferencia de temperatura la causa la forma de la Tierra. En los trópicos, los rayos del sol caen verticalmente y son muy intensos. Cerca de los polos, la superficie curva de la Tierra los dispersa en un área más grande, lo que debilita su efecto calorífico.

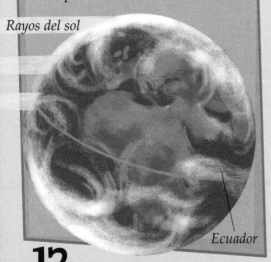

Rayos del sol

Ecuador

¡El calor es tan refrescante!

Ola de calor

Una ola de calor es un periodo de tiempo en el que hace más calor de lo que es habitual y que dura varios días. Se produce cuando una masa de aire cálido invade la tierra y se queda ahí. Actúa como una manta: atrapa el aire caliente y evita que se escape un día tras otro.

¡Maldita ola de calor!

El agua se expande (se hace más grande) y se contrae (se hace más pequeña) cuando cambia de temperatura. Lo puedes comprobar si pones una botella de agua en el congelador: el agua se expande a medida que se convierte en hielo y deforma la botella. (Averigua por qué en la página 17).

El calor hace que la mayoría de los materiales aumenten de volumen. La torre Eiffel de París, Francia, es 15 cm más alta en un día caluroso.

¿Qué es un espejismo?

¡El calor puede hacer que veas cosas que no existen! Cuando el suelo está muy caliente, puede que veas un lago brillando en la distancia. En realidad es un trozo de cielo. La luz del cielo se refleja hacia tus ojos por el aire caliente del suelo. Este efecto se llama espejismo.

¿Por qué está inclinada la Tierra?

Hace billones de años, un planeta del tamaño de Marte chocó contra la Tierra y los dos se fundieron en uno solo. El golpe empujó la Tierra y la inclinó 23,5 grados. A causa del impacto, trozos de los dos planetas salieron disparados hacia el espacio, la gravedad los juntó y formaron la Luna.

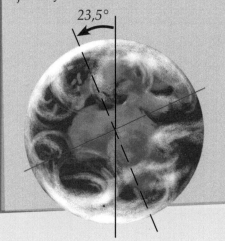

23,5°

La Tierra tarda 365,25 días en dar una vuelta al sol, es decir, un año. También gira sobre ella misma una vez cada 24 horas, la duración de un día y de una noche.

Las estaciones

A medida que pasan los meses, el tiempo cambia en un patrón que se repite cada año. Estos periodos de calor y frío y de climas secos y húmedos que se repiten anualmente son las estaciones. Las cuatro estaciones, primavera, verano, otoño e invierno, se producen a causa de la forma en la que la Tierra se inclina a medida que viaja alrededor del sol. Cerca del ecuador la temperatura cambia muy poco a lo largo del año, pero los niveles de lluvia varían mucho, por lo tanto, solo tienen dos estaciones: una estación húmeda y una estación seca.

Verano

Otoño

Primavera

Invierno

Las cuatro estaciones

Cuando la mitad norte de la Tierra está inclinada hacia el Sol, es verano allí e invierno en la mitad sur. Seis meses después, es la mitad sur la que se inclina hacia el Sol, y entonces es verano allí e invierno en la mitad norte.

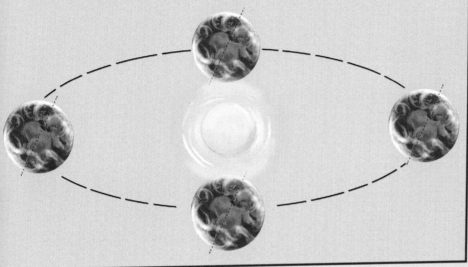

Sol de medianoche

En el Polo Norte la inclinación de la Tierra provoca que el sol no se esconda durante seis meses seguidos. ¡Es de día hasta en la medianoche! Sin embargo, en el Polo Sur el sol no sale durante seis meses. Después se intercambian los papeles y el Polo Norte está seis meses a oscuras mientras que el Polo Sur tiene el sol fuera día y noche.

Es medianoche.

En verano no hace más calor porque la Tierra esté más cerca del Sol, sino porque sus rayos caen más verticalmente. De hecho, la Tierra está más lejos del Sol en junio que en enero.

Dato fascinante

Algunos renos viven en total oscuridad durante las semanas de invierno en las que no sale el sol en el Polo Norte. Sus ojos, que en verano son amarillos, cambian de color y se vuelven azules para poder ver mejor en la negrura.

La nevada más grande de cualquier periodo de un año fue de 31,5 metros en el Monte Rainier, Washington, EE. UU., del 19 de febrero de 1971 hasta el 18 de febrero de 1972.

Nieve y hielo

Si lluvia muy fría cae sobre una superficie aún más fría, se congela. Puede cubrir árboles, coches y hasta edificios enteros con una gruesa capa de hielo. El hielo se puede acumular hasta que pesa tanto que derriba árboles y cables eléctricos. Si dentro de una nube la temperatura baja por debajo de la congelación, la humedad de la nube formará cristales de hielo en vez de gotas de lluvia. A medida que los minúsculos cristales de hielo se mueven de un lado al otro dentro de la nube, acumulan más humedad, que se congela al instante y produce copos de nieve.

Copos estrellados

¿Alguna vez te has preguntado por qué los copos de nieve tienen forma de estrella de seis puntas? Es a causa de la forma de las moléculas de agua que las forman. Estas moléculas se unen de seis en seis en anillos de seis lados. Después, estos anillos se unen para formar copos de nieve de seis puntas.

¡Congelado... no puedo... moverme...!

Escarcha por la mañana

Si hace el frío suficiente, la humedad del aire forma gotitas de agua que se posan sobre el suelo. Este fenómeno se llama rocío y suele aparecer después de una noche helada. Si el suelo está todavía más frío, la humedad se congela y lo cubre todo con una capa brillante de cristales de hielo. Este fenómeno se llama escarcha.

Hace una noche helada.

Por qué ocurre

A veces, las tuberías de agua explotan en invierno. Esto pasa por el comportamiento inusual del agua. Normalmente, los líquidos se contraen cuando se congelan. El agua lo hace hasta los 4 °C, pero a medida que se congela aumenta de volumen.

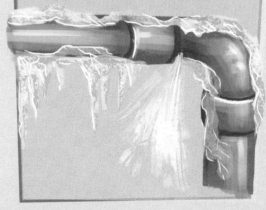

Los copos de nieve suelen caer suavemente de las nubes a unos 5 km/h, pero las piedras grandes (granizo) pueden caer al suelo a más de 100 km/h.

¿Qué es un *blizzard*?

Las nevadas intensas y un viento muy fuerte pueden producir una tormenta de nieve llamada *blizzard*. El viento mueve la nieve y la apila en montones enormes. Puede haber tanta nieve flotando por el aire y cubriendo el suelo que todo se ve blanco. Esto se llama resplandor blanco.

¡Cómo me gustaría haber ido a Jamaica!

Corrientes en chorro

Unos vientos muy fuertes llamados corrientes en chorro soplan en las capas altas de la atmósfera alrededor del mundo. Las más fuertes son las corrientes en chorro de los polos, cercanas a los polos norte y sur. Pueden llegar a soplar a 400 km/h o incluso más. Las corrientes en chorro afectan al tiempo porque transportan las tormentas alrededor del planeta como si fuesen trenes expreso.

Corriente en chorro polar

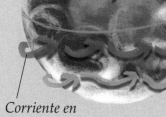

Corriente en chorro subtropical

Neptuno es el planeta con los vientos más fuertes de todo el sistema solar. Las investigaciones han descubierto que su velocidad máxima es de unos increíbles 2.100 km/h.

Cargando el viento

En cualquier lugar del mundo raramente se mantiene la calma durante mucho tiempo. Los vaivenes de las altas y las bajas presiones no paran de mover el aire por todo el planeta. Este aire puede ser desde una suave brisa hasta un vendaval con fuerza suficiente como para derrumbar edificios. Además, agita la superficie de los mares y produce las olas que rompen en nuestras costas y también ha ayudado a dar forma a la historia soplando en las velas de los barcos que transportaban a los exploradores, a los mercaderes y a los colonos a través de los océanos hasta tierras nuevas. En la actualidad hace girar las hélices de aerogeneradores que producen electricidad.

Los vientos más rápidos

Un tornado es un remolino de viento en forma de embudo que a veces sale de un cumulonimbo. Los tornados producen los vientos más rápidos de la Tierra y pueden soplar hasta a 480 km/h. Se comportan como aspiradores gigantescos ¡y los más poderosos pueden levantar un camión!

En los Estados Unidos hay más de mil tornados al año. La mayoría se producen en una región del Medio Oeste conocida como Tornado Alley (callejón de los tornados).

Vientos alisios

El aire cálido de los trópicos se eleva y se mueve hacia los polos, donde aire más frío lo sustituye. Al norte del ecuador estos vientos fríos de superficie soplan desde el noreste. Al sur del ecuador soplan desde el suroeste. Estos vientos tuvieron una gran importancia durante la época de los descubrimientos, ya que los barcos los utilizaban para impulsarse.

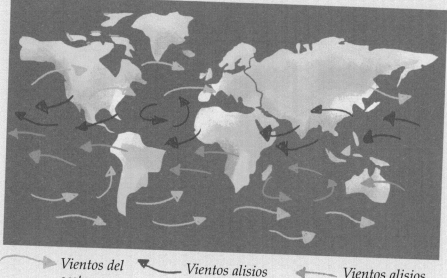

Vientos del oeste   *Vientos alisios nordestes*   *Vientos alisios sudestes*

Pruébalo

Crea un tornado en una botella. Llénala con tres cuartos de agua, una gota de jabón, una pizca de purpurina y tápala muy fuerte. Agita la botella y muévela rápidamente con movimientos circulares. ¿Ves un mini tornado girando en espiral?

19

Rayos y truenos

Las tormentas producen piedras de granizo enormes. La piedra más grande de la que se tiene conocimiento medía 20,3 cm de diámetro. Cayó en Vivian, Dakota del Sur, EE. UU., el 23 de julio de 2010.

E l tiempo más extremo que seguramente experimentes es una tormenta. Se trata de una tempestad violenta con rayos cegadores y truenos ensordecedores. También puede producir vientos muy fuertes, lluvias intensas y piedras de granizo. Durante estas tormentas tan extremas, la lluvia puede ser muy intensa y producir inundaciones. No suelen durar más de una hora y pueden ocurrir en cualquier lugar, aunque son más habituales en los trópicos, donde el aire caliente que carga grandes cantidades de agua procedente de los océanos cálidos se eleva rápidamente hacia las capas más frías de la atmósfera.

Nubes de tormenta

Las nubes que producen estas tormentas se llaman cumulonimbos. Son unas nubes altísimas que pueden llegar a medir más de 20 km de altura. Son tan altas que pueden llegar a la parte superior de la troposfera. Allí, la nube se allana por arriba y se escampa hacia los lados, lo que le da la forma y el nombre de yunque.

Dentro de una tormenta

Cuando el aire caliente y húmedo se eleva, se enfría y forma una nube. En el caso de los cumulonimbos, el aire continúa elevándose y se enfría cada vez más. Forma gotas de agua y cristales de hielo, que caen a través de la nube y se vuelven a elevar a causa del aire caliente que sube con mucha fuerza. Al final crece tanto y carga tanta agua que cae en forma de lluvia o de granizo.

Yunque

Viento

Lluvia y granizo

Relámpagos

A medida que los cristales de hielo viajan de arriba abajo dentro de un cumulonimbo, chocan los unos contra los otros y se cargan de electricidad. Chispas enormes de electricidad vuelan en distintas direcciones de la nube, entre dos nubes, o entre la nube y el suelo. Estas chispas son rayos y estallan a una temperatura superior a la de la superficie del Sol.

Algunos meteorólogos se especializan en los rayos y los estudian volando aeronaves a través de las tormentas y disparando cohetes para atraerlos.

¿Por qué ocurre?

Los rayos no afectan a los edificios gracias a una toma de tierra, que es una vara o un hilo de metal que transporta el rayo desde la parte más alta del edificio hasta el suelo.

21

El tifón Tip

El ciclón tropical más grande de la historia fue el tifón Tip que tuvo lugar el año 1979. Se formó en el océano Pacífico y medía 2.220 km de diámetro. Habría cubierto una gran parte de Europa.

Área que el tifón cubriría si hubiese atravesado Europa.

Los ciclones tropicales se producen a finales del verano, cuando los océanos están más calientes. Normalmente hay unos seis huracanes al año en el Atlántico, pero puede haber hasta 15.

Megatormentas

Los ciclones tropicales son las tormentas más grandes y más poderosas de todas. Se forman gracias a los aires húmedos que se encuentran sobre los océanos cálidos próximos al ecuador. Alimentados por el calor y la humedad de los océanos, crecen hasta convertirse en tormentas giratorias gigantescas que pueden llegar a medir 800 km de ancho. Viajan a través del océano y van creciendo y aumentando de fuerza hasta que llegan hasta una gran extensión de tierra que les corta abruptamente el suministro de energía, por lo que desaparecen rápidamente. Estas tormentas monstruosas se llaman huracán en el mar Caribe, en el océano Atlántico y al este del Pacífico; tifón al oeste del Pacífico, y ciclón en el océano Índico y Australasia.

Dando vueltas

Los ciclones tropicales siempre están dando vueltas. Cuando se forman al norte del ecuador, giran en sentido contrario a las agujas del reloj, y cuando se forman al sur del ecuador giran en la dirección contraria. Nunca cruzan al otro lado, sino que una vez se forman, siempre se alejan del ecuador.

Los ciclones tropicales suelen moverse por la superficie de la Tierra a entre 16 y 24 km/h, aunque algunos pueden moverse el doble de rápido.

Construyendo un huracán

Los huracanes solo se forman en los lugares con océanos muy cálidos. La temperatura del agua tiene que estar al menos a 27 °C. El agua calienta el aire, hace que se eleve y forme espirales giratorias gigantescas de nubes de lluvia y tormentas. El centro de la espiral, llamado ojo, se mantiene despejado y en calma.

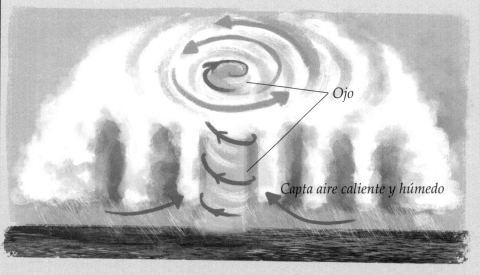

Ojo

Capta aire caliente y húmedo

Dato fascinante

Los vientos más rápidos de un ciclón tropical soplan alrededor del ojo, pero dentro, el tiempo se mantiene en calma. El ojo puede medir hasta 65 km de diámetro.

Pronosticar el tiempo

El primer satélite meteorológico que tuvo éxito fue el TIROS-1. Se lanzó el 1 de abril de 1960 para probar el éxito de los satélites en la pronosticación del tiempo.

Las personas han intentado predecir o pronosticar el tiempo durante miles de años. Buscaban patrones que puede que se repitiesen en el futuro, observaban el comportamiento de los animales antes de una tormenta o del buen tiempo... en la actualidad hay miles de estaciones por todo el mundo que nos proporcionan millones de datos meteorológicos cada día. Globos sonda investigan la atmósfera y naves espaciales fotografían los sistemas meteorológicos a medida que se desplazan por el planeta. Las supercomputadoras utilizan estos datos para hacer los pronósticos del tiempo.

Boyas en el mar

Una gran parte del tiempo que nos afecta en tierra se desarrolla en medio de los océanos. Los barcos, los aviones y las boyas flotantes recogen la información sobre el tiempo en estos lugares tan remotos. Las boyas funcionan con energía solar y sus instrumentos recogen las medidas automáticamente y las envían por radio a los centros meteorológicos.

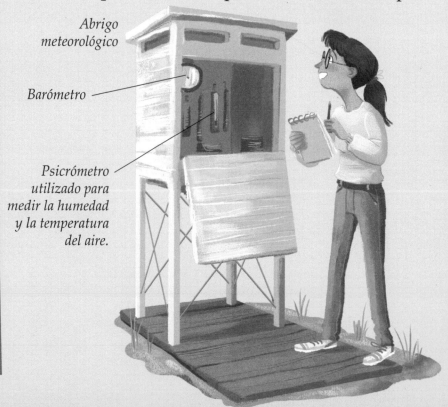

Abrigo meteorológico

Barómetro

Psicrómetro utilizado para medir la humedad y la temperatura del aire.

Los primeros pronósticos del tiempo aparecieron en el diario Times el año 1861. En la radio empezaron en Wisconsin, EE. UU., el año 1921. Y en televisión aparecieron por primera vez en Gran Bretaña el año 1936.

Echando cuentas

El tiempo de todo el mundo está tan interconectado, que predecir el tiempo de Sevilla o de Bilbao significa pronosticar el tiempo de todo el mundo. Los ordenadores más potentes son los únicos que lo pueden hacer. Estos supercomputadores pueden hacer más de un trillón de cálculos por segundo.

Ojos en el espacio

Los satélites meteorológicos observan la Tierra día y noche. Hacen fotografías donde se ven los bucles que hacen las nubes y que marcan las zonas con bajas presiones y tormentas. Los meteorólogos pueden observar cómo aumentan las tormentas y seguir sus movimientos. Pueden ver tormentas peligrosas que se acercan y avisar a la gente para que se ponga a cubierto.

Dato fascinante

Un satélite situado a 36.000 km por encima del ecuador completa una órbita alrededor de la Tierra en 24 horas, el mismo tiempo que esta tarda en dar una vuelta sobre sí misma. Cualquier satélite en esta órbita se mantendrá siempre sobre el mismo punto de la superficie terrestre.

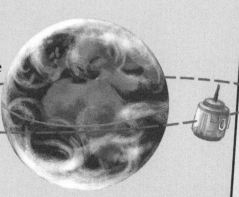

El récord mundial de velocidad del viento es de 408 km/h. Lo estableció una ráfaga de viento durante el ciclón tropical Olivia en la isla Barrow, Australia, el año 1996.

Récords climáticos

De vez en cuando, las condiciones climáticas son idóneas para romper récords. Las temperaturas pueden subir o bajar como en ningún otro lugar de la Tierra. Las lluvias pueden ser más fuertes en un lugar en un día de lo que lo han sido desde que se iniciaron los registros en el siglo XIX. Desde entonces, los datos que se han recogido muestran que el mundo es cada vez más cálido. Este cambio no solo producirá temperaturas más altas, sino también sequías más largas, vientos más fuertes y tormentas más violentas. De modo que seguramente estos récords se superarán en el futuro.

El más caliente

Furnace Creek, en el Valle de la Muerte, California, tiene el récord de ser el lugar más caliente de la Tierra. El 10 de julio de 1913 la temperatura del aire alcanzó los 56,7 °C. Pero el suelo puede calentarse aún más. De hecho, el 15 de julio de 1972, la temperatura del suelo en Furnace Creek llegó a los 93,3 °C.

¡Ay! ¡Quema!

FURNACE CREEK

El más húmedo

Con una media anual de 11,9 metros de lluvia, Mawsynram, al noreste de la India, es el lugar donde más llueve de la Tierra. La mayor parte de la lluvia cae solo durante cuatro meses, entre junio y septiembre. Llueve tanto que los granjeros locales llevan unos paraguas en forma de caparazón de tortuga fabricados con bambú y paja.

El más frío

El año 1983 se registró la temperatura más gélida de la Tierra con -82,9 °C en la base científica Vostok, situada en la Antártida. El lugar más frío habitado por personas es un pueblo ruso llamado Oimiakón, donde la temperatura alcanzó el récord de –67,7 °C el año 1933.

La sequía más larga de la historia duró 173 meses, o lo que es lo mismo, más de 14 años. Ocurrió en Arica, Chile, donde no cayó ni una gota de lluvia entre 1903 y 1918.

¿Te lo puedes creer?

Puedes calcular la temperatura escuchando a un grillo. Los grillos chirrían más rápido cuando hace calor. Si al número de chirridos que hace en 15 segundos le sumas 37, obtendrás la temperatura en grados Fahrenheit.

CRI CRI CRI

El calentamiento global ha pasado con anterioridad, pero nunca tan rápido como ahora. Ahora la Tierra se calienta diez veces más rápido que en cualquier otro momento de los últimos 65 millones de años.

Cambio climático

El tiempo es lo que ocurre en la atmósfera ahora mismo y durante los próximos días. El clima es el modo en que la atmósfera se comporta durante un periodo de tiempo más largo, como décadas o siglos. Las investigaciones científicas han descubierto que el clima está cambiando. Las enormes cantidades de carbón, petróleo y gas natural que hemos quemado durante los últimos 150 años han añadido más dióxido de carbono a la atmósfera. Una atmósfera más cargada de dióxido de carbono retiene más el calor, de modo que se calienta cada vez más. Una atmósfera cada vez más caliente cambiará el tiempo en el futuro.

¡Qué bochorno hace hoy!

Un mundo más cálido

La comunidad científica cree que en este siglo la temperatura aumentará entre 0,3 °C y 4,8 °C. Los gases, como el dióxido de carbono, que causan este calentamiento se llaman gases de efecto invernadero. Un mundo más cálido es más propenso a sufrir sequías más intensas y más largas.

Aguas más cálidas

Con lluvias más intensas y tormentas más fuertes, las inundaciones serán muy comunes en el futuro. Por otro lado, el hielo que se deshace de los casquetes polares, especialmente del norte, aumentará el nivel del mar. De hecho, esto ya está ocurriendo.

Un futuro tormentoso

El calor es una forma de energía y el calentamiento global no para de añadir más y más a la atmósfera, de modo que es una despensa de energía enorme y es muy probable que, en el futuro, esto ocasione tormentas más intensas y extremas, lo que producirá vientos más fuertes y lluvias más abundantes.

Así que esto es el calentamiento global...

La temperatura de la Tierra es más alta ahora que en cualquier momento de los últimos mil años, y seguramente que mucho antes.

Dato fascinante

Si no hubiese gases de efecto invernadero en la atmósfera terrestre, nuestro planeta estaría mucho más frío, de hecho, la temperatura media de la Tierra sería de −18 °C en vez de los 15 °C de ahora.

Sin gases de efecto invernadero todo sería así.

29

Glosario

Aire   Mezcla de gases que forman la atmósfera de la Tierra.

Atmósfera   La capa, o capas, de gas que rodean un planeta. La atmósfera de la Tierra está hecha de aire.

Calentamiento global   Aumento de la temperatura de la atmósfera de la Tierra causado por un aumento de las cantidades de dióxido de carbono y otros gases de efecto invernadero.

Cero absoluto   Temperatura mínima alcanzable, -273,15 °C.

Ciclo del agua   Proceso natural de movimiento del agua desde la tierra y los océanos hasta la atmósfera, desde donde cae otra vez hacia la superficie de la Tierra.

Ciclón   Masa grande de aire que gira alrededor de un centro de bajas presiones atmosféricas en cualquier parte del mundo.

Ciclón tropical   Tormenta giratoria muy intensa que se forma encima de los océanos cálidos. En algunas partes del mundo también se lo conoce con el nombre de huracán, tifón o ciclón.

Clima   Comportamiento de la atmósfera de la Tierra durante un periodo largo de tiempo.

Corriente en chorro   Vientos que soplan a mucha altitud y que giran alrededor del mundo, normalmente de oeste a este.

Dióxido de carbono   Gas que se encuentra en pequeñas cantidades en la atmósfera de la Tierra. El dióxido de carbono atrapa el calor como un invernadero, por eso se lo conoce con el nombre de gas de efecto invernadero.

Ecuador   Línea imaginaria que se encuentra a la misma distancia de los polos Norte y Sur y que gira alrededor de la Tierra.

Energía solar   Corriente eléctrica generada con luz solar.

Espejismo   Ilusión óptica causada por una capa de aire caliente justo por encima del suelo.

Estratosfera   Capa de la atmósfera de la Tierra, encima de la troposfera y debajo de la mesosfera.

Evaporar   Cambiar de estado líquido a gaseoso.

Fuerza de Coriolis   Efecto de la rotación de la Tierra sobre los objetos en movimiento, incluyendo el aire.

Huracán   Ciclón tropical del océano Atlántico, del mar Caribe y del este del océano Pacífico.

Mesosfera   Capa de la atmósfera de la Tierra, por encima de la estratosfera y por debajo de la termosfera.

Molécula   Grupo de átomos unidos.

Monzón   Viento estacional que trae lluvias fuertes a zonas del sur y del sureste de Asia durante los meses de verano.

Ojo   Zona circular del centro de un ciclón tropical que se encuentra en calma.

Presión atmosférica   Efecto de presión de la atmósfera causado por el peso del aire que se apoya sobre la superficie de la Tierra a causa de la gravedad.

Satélite   Luna o astronave que orbita alrededor de un cuerpo más grande, especialmente un planeta.

Sequía   Periodo de tiempo largo en el que llueve muy poco o nada.

Termosfera   Capa más alta de la atmósfera de la Tierra, desde que acaba la mesosfera hasta el vacío del espacio exterior.

Tifón   Ciclón tropical del oeste del océano Pacífico.

Tornado   Columna de viento a mucha velocidad en forma de embudo.

Troposfera   Capa más baja de la atmósfera de la Tierra donde ocurre la mayor parte del tiempo, desde la superficie de la Tierra hasta la capa siguiente, la estratosfera.

Vientos alisios   Vientos que soplan continuamente hacia el ecuador, desde el noreste en el hemisferio norte y desde el suroeste en el hemisferio sur.

Índice analítico